edds

Egbert Dörfler

Das poetische Werk

Band 1

Egbert Dörfler

DIE

SEHNSUCHT

DER

SEHNSUCHT

DER

LIEBE

Gedichte aus den 70er Jahren

edition darsan

Bibliografische Information der Deutschen Nationalbibliothek:
Die Deutsche Nationalbibliothek verzeichnet diese Publikation in der Deutschen
Nationalbibliografie; detaillierte bibliografische Daten sind im Internet über
dnb.dnb.de abrufbar.

Erstausgabe St. Michael, Austria 1984

© Egbert Dörfler 1984; 2020

© edition darsan, München 2020

Umschlaggestaltung: Christian A. Klempert

www.egbertdoerfler.de

Herstellung und Verlag: BoD – Books on Demand, Norderstedt

ISBN 9783751980982

For all who inspired me in my younger days

Vorwort zur Neuauflage

⁂ ⁂

Als ich im Frühjahr 1981 begann, einen Verlag zu suchen, um 49 Gedichte zu veröffentlichen, die ich über einen Zeitraum von beinahe einem Jahrzehnt hinweg verfasst und kurz zuvor zu einem Zyklus zusammengestellt hatte, wurde der Literaturbetrieb der Bundesrepublik Deutschland noch immer von der Ästhetik der Moderne beherrscht. Lyrische Texte mussten hermetisch sein, was als avantgardistisch galt, sie durften nichts Spielerisches, Vorgefertigtes, Klischeehaftes, Triviales enthalten, durften keinen positiven Bezug zur Tradition herstellen, vor allem aber nicht ins Metaphysische, gar ins Religiöse, schlimmer noch ins Christliche verweisen. Solcher Kitsch kam für einen Verleger hoher deutscher Kunstliteratur selbstverständlich nicht in Frage.

Nachdem ich etwa zehn Verlage angeschrieben hatte, antwortete ein Lektor, er würde die Sammlung in Betracht ziehen, wenn er in nächster Zeit einen Gedichtband veröffentlichen könnte. Gleichzeitig verwies er mich auf zwei semiprofessionelle Literaturverlage, von denen der eine mir schließlich im Juni 1983 anbot, einen Teil des unternehmerischen Risikos auf sich zu nehmen und eine erste Auflage meines Zyklus herauszubringen. Die Veröffentlichung verzögerte sich allerdings noch einmal – was allem Anschein nach mit dem Tod des Verlegers J. G. Bläschke im September 1983 und daraus resultierenden Unsicherheiten hinsichtlich der Zukunft seines Unternehmens zusammenhing – bis das Buch schließlich unter dem Titel *Die Sehnsucht der Sehnsucht der Liebe. 49 Gedichte aus den 70er Jahren* im Juli 1984 auf den Markt kam. Für einen Lyrikband schien sich das Werk anfangs so schlecht nicht zu verkaufen; um den Bläschke-Verlag gab es jedoch bald juristische Auseinandersetzungen, an deren Ende seine Liquidation stand. Der Vertrieb meines Buches war damit beendet, ohne dass auch nur ein Pfennig des fälligen Autorenhonorars ausbezahlt worden wäre. Ich hatte mich schon nach seinem Erscheinen kaum bemüht, das Werk zu verbreiten, und verlor nun vollends das Interesse daran, sodass ich weder die mir zustehende Konkursquote einzog noch mir die Restexemplare zuschicken ließ. Nicht dass ich Mitleid mit der Vereinigung der Töchter und Sekretärinnen verstorbener Verleger gehabt hätte, meine Zeit und Schaffenskraft wurden längst von neuen Projekten und Aufgaben in Anspruch genommen. Im Übrigen war ich schon damals der Auffassung, dass Literatur und Geld nichts miteinander zu tun haben. Einige der Gedichte aus dem havarierten Lyrikband nahm ich später allerdings in Anthologien auf; diese Texte und eine Reihe weiterer aus demselben Wrack wurden außerdem integraler Bestandteil der 2009 pseudonym erschienenen autobiographischen Erzählung *Lyrik und Liebe* (1).

Im Laufe der 80er Jahre gewann die Postmoderne schließlich auch in Deutschland an Akzeptanz, wenn auch primär in Bezug auf den Roman. Der Paradigmenwechsel machte jedenfalls allem elitären Dünkel den Garaus und bereitete einer Literatur den Weg, die sich nicht mehr durch die Dichotomien „avantgardistische" gegen „traditionelle" und „hohe" gegen „niedere" Kunst beeindrucken lässt, mit denen sich die Dichter und Theoretiker der Moderne sowohl von der Literatur früherer Jahrhunderte als auch von der neu entstandenen Massenkultur abgrenzten, der „Kulturindustrie", wie einer der einflussreichsten Philosophen der Moderne das Phänomen bezeichnete (2). Was freilich weiterhin ein Hindernis für eine Publikation von Gedichten sein konnte, waren ökonomische Zwänge. Profitabel ist die Veröffentlichung von Lyrik ja selten gewesen und sie wurde es auch in der Postmoderne nicht. Aber die digitale Revolution der 90er Jahre verwirklichte schließlich, was der Medienphilosoph Marshal McLuhan schon Jahrzehnte vorher als Konsequenz des mit der Erfindung der Schreibmaschine beginnenden Prozesses, der das Manuskript durch das Typoskript ersetzt, zu erkennen meinte: die Zusammenführung der unterschiedlichen Tätigkeiten des Dichtens und Veröffentlichens (3). In der Tat verlegen inzwischen die meisten wirklich freien und unabhängigen Schriftsteller ihre Werke selbst, ohne die Rechte an ihren Büchern an profitorientierte Verlage abzutreten, oder gar solche, die sich einer Ideologie verschrieben haben.

Durch die *digital culture* ist es heute ein Leichtes, Literatur vom Markt und dem ihn beherrschenden Profitmotiv abzukoppeln und dennoch einer nicht bloß regionalen, sondern sogar weltweiten Öffentlichkeit zugänglich zu machen. Die gegenkulturelle, nicht nach kommerziellen Kriterien, sondern in einer Art Darknet agierende *edition darsan* hat es sich zum Ziel gesetzt, ein Lichtnetz aus Worten zu spannen, indem sie nicht nur neue, literarisch bemerkenswerte Texte veröffentlicht, die keinen ökonomischen Gewinn versprechen, sondern auch interessante ältere Manuskripte und Typoskripte verbreitet, die bislang keinen Verleger gefunden haben, darüber hinaus aber auch Neuauflagen von vergriffenen Werken auf den Markt bringt, deren Rezeption unterbrochen worden ist, etwa weil der Absatz zu gering war, um für einen kommerziellen Verlag profitabel zu sein. Im Fall des Zyklus *Die Sehnsucht der Sehnsucht der Liebe* kommt als weiteres Motiv für eine Neuauflage hinzu, dass es sich dabei um den ersten Band einer geplanten Gesamtausgabe der poetischen Werke des Autors handelt.

Details über diese Neuauflage der vier bis fünf Jahrzehnte alten Gedichte können im Editionsbericht auf Seite 84 nachgelesen werden. An dieser Stelle sei nur darauf hingewiesen, dass das Vorwort zur ersten Auflage, das der Bläschke-Verlag damals unpassenderweise zum Klappentext umfunktionierte, wegen seines programmatischen Charakters auf den folgenden Seiten noch einmal abgedruckt worden ist, dem Zyklus vorangestellt. Es macht die Intention deutlich, eine postmoderne Ästhetik zu realisieren, zeigt aber auch, dass sich der Autor über die von ihm prognostizierte Entwicklung eines

Werthorizonts im Rahmen der Postmoderne getäuscht hat. Im Gegenteil, statt zu transzendenten Erfahrungen durchzudringen, werden Sinnfragen in der Postmoderne gar nicht mehr gestellt, Literatur ist zum bloßen ästhetischen Spiel herabgesunken. Diejenigen der im Vorwort von 1983 erwähnten Autoren, deren Werk vom Durchbruch zur Erkenntnis und Erfahrung einer transzendenten Wirklichkeit Zeugnis ablegt, gelten heute nicht als typisch postmodern, denn sie überwinden den radikalen Bruch zwischen Tradition und Moderne ebenso wie den weniger gravierenden Unterschied zwischen Moderne und Postmoderne und entziehen sich somit letztlich der Zuordnung zu einer der beiden Epochen.

Die Begründer der *cyberpunk fiction* William Gibson und Bruce Sterling haben als Hauptmerkmal der *popular culture* des frühen 21. Jahrhunderts ihre „atemporality", das Fehlen von „newness and nowness" ausgemacht (4). Treffender kann man das Wesen nicht nur der gegenwärtigen Popkultur, sondern der gesamten Postmoderne gar nicht beschreiben. Letztere hat in den vergangenen zwei Jahrzehnten gleichermaßen ihre logische Vollendung erreicht, indem sie mithilfe der Digitalisierung nicht nur die totale Auflösung der Sphären hoher und niederer Kultur vollzogen, sondern auch nahezu alle Epochen und Stile verfügbar gemacht und damit eine scheinbar zeitlose Kunst hervorgebracht hat, die nicht mehr den Charakter des Neuartigen und Heutigen besitzt. Von vielen unbemerkt hat aber gleichzeitig auch schon der Niedergang der Postmoderne eingesetzt. Ihre Meriten lagen in der Überwindung einiger der gravierendsten ideologischen Irrtümer und Sackgassen der Moderne, insbesondere der eines falschen Fortschrittsbegriffs. Der Untergang der Postmoderne wird jedoch ihre Indifferenz sein, das Aufgeben jeglicher Fortschrittsdialektik, die mangelnde Erkenntnis, dass es einen wahren Fortschritt, ja überhaupt Wahrheit gibt.

München 2017

10

Vorwort zur ersten Auflage

✲✲

Zur Entstehung einer literarischen *Pop Art* führten zwei parallel verlaufende Entwicklungen. Zum einen wandten sich Dichter, die in der Tradition der *Moderne* standen, von den esoterischen und subjektivistischen Tendenzen ihrer Vorläufer ab und bemühten sich um eine imaginative Verarbeitung der Massenkultur, also jener gleichermaßen industriellen Fertigung von Schlagern, Werbespots, Comics etc., die die Künstler der *Moderne* verabscheut hatten und vor der sie in die Abstraktion geflüchtet waren. Zu den hervorragendsten Vertretern einer solchen *postmodernen* Literatur zählt der nicaraguanische Lyriker Ernesto Cardenal, der, obwohl Schüler Ezra Pounds, in Gedichten wie „Gebet für Marilyn Monroe" (1965) oder „Strophen beim Tode Mertons" (1970) eine aus dem Sujetinventar der Massenkultur gespeiste, jedoch ästhetisch differenzierte und weltanschaulich abgeklärte Bildersprache schuf. Zum anderen gelang es, parallel zu dieser *postmodernen* Strömung, schöpferischen Kräften aus dem Umkreis der Massenkultur, die aufgrund fehlender akademischer Bildung zunächst keinen direkten Bezug zur „hohen" Kunst hatten, sich von der Trivialität und kommerziellen Depravation zu emanzipieren und, wie es etwa die Schallplattencollagen der Beatles aus der zweiten Hälfte der 60er Jahre beweisen, eine musikalisch wie literarisch bemerkenswerte Klangsprache zu schaffen.

Metaphysisch stellte sich *Pop Art*, vor allem in der zuletzt genannten Erscheinungsform, bis in die 70er Jahre hinein als Suche dar. Sex, Konsum, Drogen, politische Agitation und transzendentale Meditation waren Stationen dieser Suche, der schließlich im Laufe der 70er Jahre eine deutlichere Fixierung auf beständigere Werthorizonte folgte, was unter anderem das jüngste Beispiel

‖ 11

Bob Dylans belegt, eine Fixierung, die – so möchte man meinen – gerade noch rechtzeitig kam, um den Bedrohungen des neuen Jahrzehnts von einem festen Standpunkt aus begegnen zu können.

Der vorliegende Zyklus entstand im Reflexions- und Erfahrungszusammenhang der erwähnten Strömungen. Er spiegelt auf weltanschaulicher Ebene die Suche nach und die Annäherung an einen Werthorizont, im ästhetischen Bereich die Auseinandersetzung mit „hoher" und „niederer" Kultur. Ich bin zu der Überzeugung gelangt, dass eine zeitgenössische Lyrik, deren Intention es ist, gesellschaftliche und ästhetische Relevanz miteinander zu verknüpfen, die hermetischen und nicht selten nihilistischen Positionen der *Moderne* aufgeben und um eine Synthese der getrennten Sphären ringen muss, ohne dabei die Banalität und den Materialismus der Massenkultur zu affirmieren.

Die zeitgenössische Lyrik ist *postmodern*!

Die zeitgenössische Lyrik ist *Pop Art*!

Neu-Ulm 1983

12

DIE

SEHNSUCHT

DER

SEHNSUCHT

DER

LIEBE

Postmodernism has tended towards artistic Anarchy
or towards Pop.

Ihab Hassan

Pop Art is always religious.

Leslie Fiedler

2

(glück, illusion …)

TANZSAAL

Aus den Lautsprechern hauchte der Popstar das Lied

Love me tender, love me sweet

Never let me go

wir drehten uns stumm in Ekstase.

Denn jedes der schmachtenden Worte verriet

You have made my life complete

And I love you so

unsre Liebe in jener Phase.

SCHLUMMER

Sacht

     verschleiern sanfte Schatten ihr Gesicht.

Leise

     lispeln wie in linder Luft die Lippen.

Du lauschst –

     und ahnst die Farbe ihrer Träume.

AN EINER TANKSTELLE

In der Morgendämmerung

Shell

Shell

Shell

h   ä   l   t   st

du

Draußen ist's kühl

vor Erwartung

des Sommertages

4-5-6-7

(du bleibst im Wagen)

16-17-18

„Vorne fehlt Luft glaub ich"

25-26

WIR HELFEN IHNEN WEITER

29-30-31

Schwarzen Kaffee aus der Warmhaltekanne?

38-39

Blasenfrei zapfen

40,01

Lufffffffffffffffffffft

fffffft

ffft

ft

Dann wieder

neben mir

dein schlanker

Körper

setzen wir

(während es hell wird)

feinnervig

fahrtwärts

LAGER

Über dem Wald
glomm der Mond.

Die Lieder unserer Freunde kehrten zurück,
hallten wider in meinen Gedanken.

Abschied ... die Zukunft in Finsternis

Mit dem Mond, mit den Sternen spielte dein Haar.
Und in den endlosen Fernen
schimmerten Meere
fremder Planeten.

Heiko & Eleonore,
Benni/Anita
rückten näher ans Feuer

im Anbeginn das Ende ... die Zeit

während ich mich
in den Armen meiner Geliebten noch fragte,
ob die Sehnsucht denn nie aufhört.

AHNUNG

Wir hatten lange geschwiegen.

Durch mein Glas sah ich zitternd

dein zartes Gesicht

      wie von der Zukunft verzerrt

und orange die Beleuchtung

des Restaurants.

1

(trennung, vision …)

XANADU

Benommen vom Flimmern und Dröhnen der Disco
wankst du hinaus in das Dunkel.

An der Straße
umschlungene Pärchen
Säulen im Scheinwerferlicht.

Später –
verlorene Lämpchen im Spiegel,
monotoner *Soft Rock* des Motors
und der Augenblick, wo du fühlst,
dass sie dich nun vermissen.

Du aber gewinnst weiter an Nacht.

KINO

Als unser Film riss, erschraken wir
über die Trostlosigkeit unseres Lebens.

Und während ich mich nach dem Ausgang
schon tastete, sah ich dich
                    in eine andere
        Vorstellung
schwinden.

1 *NACH* 2

An der Wand gleiten weiße Schatten entlang
und erhellen für Augenblicke die Nacht,
während ich wach lieg
            im Getriebe der Wahrheit.

Irgendwo stirbt ein Motor ab …
            Irgendwo eine Autotür …

Während ich wach lieg
            in der schwarzen Gewissheit,
dass sie nie mehr
zurückkehrt.

EINSAMKEIT

Nur ein haar
    gerettet vor der un-
       t

           r
    e

         e ihres körpers
      u

CONCORDE

Spät an diesem Nachmittag

wächst mir das Gras in den Himmel,

entsteht auf der blauen See

zwischen den Halmen

die silbrige Spur eines Flugzeugs:

ein kleiner, glitzernder Pfeil,

der gigantisch und schnell vor mir herzieht –

schon seh ich die Landung,

den Flughafen, Passagiere

auf der Gangway –

      und du bist dabei.

VORAUSSAGE

Du wirst finden eines Tages, dass
ich   es   bin –
                    oder
        gewesen
wäre.

IN DER FREMDE

Nach fünfzehn Jahren
                    kam ich noch einmal
        zurück.

        MADALRICHSTREU

Die rote Bank an der Mauer,
        das Café mit der gelben Leuchtschrift,
            der Park, die Kapelle,
                ja, selbst der linke
                Pfosten deiner Haustür
        steht noch.

        Ein einsamer alter Ort
        voller blauer Erinnerung.

WILDWUCHS

Bahnst einen Weg dir

auf moosbewachsenen Schwellen

verrosteten Geleisen

durch grünes Gestrüpp

lauschst und bleibst stehn –

Krähen im Herbstwind?

oder

der nahende D-Zug?

Stuttgart – Berlin ...

erschrickst und wendest dich um

zu sehn

wie rote

Lichter

leise

dem Wildwuchs der

Wirklichkeit

Weichen

RUINE

In meiner Einsamkeit
auf unsrer halb verfallnen Mauer
kreisen Fragen unbefreit.
Warum war sie nicht von Dauer?

Und durchs Gedächtnis zittern Schauer
jener längst verflossnen Zeit,
sanfte Schmerzen, fast vergessne Trauer.
Leyla, tat's dir niemals leid?

ALCHEMIE

Meine späten Tränen
       wirken wieder Gold
   in ihr Haar.

FÜR –

Claudia, Jane, Ernestine,
all die Mädchen, in die ich verliebt war,
Comic-Strip-Girls sind sie heute
in der Erinnerung.

Denn du nur warst wirklich in meinem Leben.

Barbara, Kate, Isabel,
die mir morgen vielleicht schon gefallen,
wie die Filmstars werden sie sein,
die abends im Kino vorbeiziehn.

Denn keine will ich mehr lieben wie dich.

0

(schuld und erbarmen …)

IHR BLUES

Damals
> in Bars und Hotelzimmern
>> jagten wir falschen Küssen nach,
>> aßen fremdes Fruchtfleisch.

Doch die Fahrt war kurz,
> zu kurz
> um zu ahnen,
>> was Liebe sein kann.

Am Morgen lagen
> abgeerntete Erdbeerfelder
>> in der Dämmerung

> und wir hörten
> *Pleased to meet you,*
>> *hope you guess my name*
>> wie von einem Tonband,
>> das sich immer wieder
>> zurückspult.

Nichts war geblieben,
> nichts, nicht einmal ...
>> nichts

VERDRÄNGT

Wie Hochspannungsdrähte,
    die sich weit über dürres Land ziehn
                in die Endlosigkeit,
hängen die Ängste in meinen Gedanken.

Und wie das Kreischen der U-Bahn
    aus den Schächten dreckiger Städte
        drängt meine Schuld
aus dem Unterbewusstsein.

UNSERE GÖTTER

Vulgären Hampelmännern und ordinären Provokateuren
(zu Göttern mutiert durch die elektrischen Medien)
glaubten wir ihre spöttischen Sprüche und zynischen Lügen ...
hypnotisierenden Kündern von Scheinparadiesen,
die in die Kernspaltung führten
unsres Bewusstseins.

Am Ende hielten wir unseren Wahn für die gültige
Wirklichkeit und verwechselten Egoismus mit Liebe;
unsere so bezeichneten Akte zeugten
nur noch von Hass
auf das Leben. Die einzige Frucht,
die wir brachten, war
unser rebellischer Hochmut.

ANRUFUNGEN

Wen auch immer ich anrief

(welche Nummer auch immer ich wählte)

stets kam die Antwort:

*ICH KENNE SIE NICHT *

22

Vom zweiundzwanzigsten Stock
  des Wolkenkratzers
        beugte ich
      mich in die
      funkelnde
      Tiefe der
      Nacht ...

... im Stürzen erstickte mein Schrei –

Doch jemand erhörte ihn
              und zog mich
                      nach oben
        und half mir
      zurück auf die
Stufen.

1

(aufbruch, erinnerung …)

DER FLUG DER PELIKANE

Am Sonntag beginnt

der Flug der Pelikane

8   9   10

11   12   13   14

Ich lese Romane,

schreibe Aufsätze, Briefe, Gedichte;

draußen sinken die Tage

wie glühendes Laub in das Meer.

NEW YORK   –   SAN FRANCISCO   –   NEW ORLEANS   –   N.Y.

Ihre schweren Flügel (tief am blauen Himmel

über schäumenden Wellen) tragen die Sehnsucht

nicht. So fällt sie zurück in mein Herz.

Ich wende erneut ein Blatt.

Es ist Sonntag. Oktober.

EMPIRE STATE PLAZA

Das Zentrum meiner neuen Heimatstadt
könnte die Kulisse sein für einen
Science-Fiction-Film.

Unter turmhohen Quadern aus Glas, Stahl und Marmor
fontänendurchschäumte Teiche
und eine große, geschlossene Muschel
die über dem Platz schwebt
wie ein Raumschiff
aus einer künftigen Welt
kurz vor der Landung.

FEEL I'M GOIN' BACK
TO MASSACHUSETTS

Meinen Blick
von der Aussichtsplattform des höchsten Turmes
(180 Meter über der Stadt)
bannt
im Osten
hinter starrgeometrischem Autobahnwirrwarr
der Hudson.

Eine blaue
breiter und breiter werdende Straße
die
unter silberner Sonne
zum Meer hin
sich
windet.

Und jenseits des Flusses
Massachusetts!
(mit seinem Küsse speichernden Sound)

Ob auch sie sich erinnert?

NOSTALGIA 79

Standing at Kennedy Airport,
Watching the planes arrive –
in vain.
She will never come from
Germany, England or Spain.

Standing at Kennedy Airport,
Watching the planes take off –
in vain.
There will be definitely none
bound for 1971.

GREYHOUND

southbound

Allmählich wird der Januar sanft.
Die Reklame versinkt
in der nebligen Nacht.

... und der Bus braust unaufhaltsam gen Süden ...

Die junge Amerikanerin ist eingeschlafen
(heißt sie Cathy, Sue oder Jane?)
Ihre Nähe erinnert mich neu
an das Mädchen, das ich geliebt hab.

... doch der Bus braust unaufhaltsam nach Süden ...

Richmond/Virginia.
Jane steigt aus
(oder war es Suzanne?)
Kein Lächeln zum Abschied.
Kein „Good-bye".

Zwei Uhr nachts.

... und der Bus dröhnt weiter gen Süden ...

ST. AUGUSTINE

Your tropical paradise

Als ich in tropischer Mondnacht
durch Palmenalleen
an spanischen Kirchen vorbei
und exotisch verzierten Balkons
stadteinwärts wanderte
wähnte ich mich am Ziel.

Nach dem Erwachen jedoch
sah ich die Sonne wie Blut
in die Matanzas Bay fließen;
Erde und Himmel
schienen verklammert
durch ein kosmisches
Kreuz.

Es war klar: Florida ist es nicht.
Es gibt keinen Zutritt
ohne zu sterben.

ERSCHEINUNG

Unter bunter Popfassade

        stand plötzlich sie …

    (als sie noch schön war)

      Wie viele Jahre danach?

         … und löste sich auf in der Menge.

Für das Vergessen

        zu spät;

        zu früh

           für die Zukunft.

„You gotta see something in Memphis"

      (Tennessee)

         sagte G.G.

    vier Wochen später

        in Albany.

TO ERNESTO CARDENAL

Words of infinite longing
    calling me on and on to the
        Love of Love of Love

     : the erotic life of the monks
    (crucified and resurrected)
pure passion for the inventor of all tender caresses –

Yes, yes, yes, I shouted,
cloaking my soul in your white Trappist cowl

       only to afterwards make
       darkness the greater.

    I forgot: not everybody is able
        to understand.

THE WAY

„Could you, please, tell me the way to ...“
　　Das farbige Mädchen im Reisebüro
　　schüttelte lächelnd den Kopf.
Doch der Fahrer des Greyhound wusste Bescheid:
　　„There's a bus from Louisville/Kentucky ...“

Ich aber stieg in den Bus nach New York
　　　　(ohne zu wissen warum)
　　　　　　　　und während er abfuhr
　　lag irgendwo hinter den Bergen
　　　　das Kloster.

HINGABE

Glaubst du, meine Liebe
sei kleiner geworden
in all den Jahren?

Sie nahm zu
(nicht nur für dich)
und nimmt zu
Tag für Tag,
während ich sterbe
Tag für Tag.

TIMES SQUARE

An meinen Bruder

War es Wirklichkeit?
Oder ein doppelt belichtetes Dia?

Du standst
(mit der Kamera in der Hand)
jenseits der tosenden Avenue.

Archibald!
Ich sah dich in New York City
(langhaarig, Windjacke, Kordjeans)
inmitten der flutenden Menge.

Bis ich jedoch
über den hupenden Times Square gelangte
(dich zu umarmen) –
warst du weg.

Heimatlos
trieb ich im flimmernden Meer
der Reklame.

DETACHMENT

Heute im winterweißen Albany sitz ich gelassen am Schreibtisch.
„Zero degrees Fahrenheit", meldet der Wetterbericht.
Doch im Park scheint ein Pärchen der Kälte zu trotzen.
(Oder sind hier zwei Leute aneinandergefroren?)

Im Radio tönt wieder Rockmusik.

LOVE IS THE ANSWER

Heute haben die Worte tieferen Sinn.

Heute liebe ich sie, weil sie sich emanzipierte von mir
und mich dadurch befreit hat
von all dem verkehrten Begehren,
so dass ich selbst sie jetzt
ganz selbst-
los
und los-
gelöst
lieben kann.

PERLE

Was zu suchen du mich verließest
          in jenem Jahr,
     hab ich gefunden
          in jenem Jahr.

3

(unterwegs …)

MOVING PROTEST

BETTER ACTIVE TODAY THAN
RADIOACTIVE TOMORROW

stand bereits auf der Kofferraumtür,
als wir den mehr als fünf Meter langen, algengrünen Ford Station Wagon
für 600 $ erwarben.

Den Slogan brauchten wir nicht zu entfernen.
Doch bevor wir das schwerfällige Fahrzeug in Bewegung setzten,
erhob jeder noch eigene
Forderungen
auf der Karosserie:

FREE NICARAGUA! – SUPPORT THE REVOLUTIONARY FORCES!
NO NUKES IS GOOD NEWKS
DON'T KILL US! – WE ARE *BUSY BEING BORN*

Was
oder wen
werden wir damit bewegen?

GREEN SUBMARINE

Während Andy unsren poetischen Straßenkreuzer westwärts lenkte,

goss es in Strömen,

sodass er bemerkte,

er fühle sich als Kapitän

eines Unterseeboots.

We all live in a green *submarine* ...

stimmten Carina, Ricardo und ich an –

das Popweltkulturerbekinderlied unserer Lieblingsband

leicht variierend

ohne uns an der fehlenden Silbe zu stören;

vielmehr freuten wir uns

über das prächtige Binnenreimklima ...

Doch in Detroit, wo selbst Tankwarte

hinter sicheren Glasscheiben bleiben

verließ uns Ricardo

nach heftigem Streit

über Ziele und Routen

und tote Kaninchen.

Andy bemerkte, er kenne jemand in Chicago,

die unsre Crew liebend gern ergänze.

AMAZING GRACE

Mit den übrigen Freunden noch auf dem Sears Tower
  (downtown Chicago vor gleißendem Morgensee)
bevor ich mich löste
    ohne Abschied zu nehmen
  (nur ein Fetzen Papier
      zwischen Wischer und Scheibe)

Süße Einsamkeit
    in der Gemeinschaft der Heiligen
      diesseits
        und jenseits
      der Zeit.

Und als die Messe endete
    schwebte ich trunken von Liebe
        (doch mit klarem Bewusstsein)
  aus der Old St. Patrick's Church
      in die schattigen
        Schluchten
      der Stadt.

"Highest crime rate", hatte Andy am Abend zuvor noch bemerkt;
  „ständig Raubüberfälle", ergänzte Carina
      „der sechzigste Mord dieses Jahres",
      „ganze Stadtviertel kontrolliert von der Mafia" ...

Davor hätte ich Angst haben sollen?

Chicago, nie wirst du mich trennen von dem,
                    der sich hingegeben für mich.
    Nein, du wirst verwandelt durch seine,
                durch meine, durch unsere Liebe.
Chicago, nie mehr wirst du sein, was du warst,
          seitdem ich durch deine
                Straßen gewandert.

Im Frieden dieser Gewissheit genoss ich selbst noch
den klebrig-braunen Sprudel,
              auf dem Eisbrocken schwammen,
    zu Hamburger, Pommes und Ketchup
in einer tiefgekühlten Glashütte
                namens McDonalds.

Meine Freunde freilich
          kritisierten am selbigen Abend mich
    scharf.

NEVADA

Flirrender Highway
Schwarze Berge treiben vorbei
Horizont
Gelbstummes Wüstengewächs

Nur die Stimmen im Rundfunk
kennen nicht die Entbehrung.

COKE ADDS LIFE ... TAKE ICE AND A SLICE OF LEMON
(AMERICA'S ULTIMATE TASTE)

Phantasmagorien
scheinen uns weiter und
weiter zu
ziehn

AM PAZIFIK

Nun aber steht die Sonne still –
während sich Himmel und Erde vereinen.
Eine riesige Ampel
auf Rot

.

SANTA CRUZ

Da, wo der Fels aus dem reglosen Ozean ragt, tauch ich hinab

auf den Grund.

Nicht wegen Sam oder Ed oder gar wegen Xaver

ging sie von mir.

(Was kümmert es mich?)

Du

hast mich durch Leiden befreit

aus dem falschen Bewusstsein,

damit ich

Dir

folge.

Jetzt, wo die teerschwarzen Fluten der Schwermut verebbt sind,

seh ich den Grund.

POSTKARTE

Evening moods in romantic

San Francisco

Auf der Suche nach dem Ursprung
unsres zerbrochenen Traums einer
Gesellschaft perfekt verweltlichter
Liebe begegnete ich nur apathischen,
schmuddligen Menschen jenseits der 30
und jungen Männern, die dürr
und gebrechlich wie Greise am Stock
durch Haight Ashbury schlurfen.

BLAUER TRAUM VON EINEM
NEUEN BEGINN

Hier

    weit, weit im Westen,

    ist der Tod sanft.

Die alten Vergehen

        (das selbstgeschaffene

    Ich

        das nicht loslassen wollte)

    können nicht länger

    die Seele verdüstern

    in der Stunde

    der Sühne.

Jetzt ist der Tod sanft

        wie eine Umarmung.

    Keine Blumen.

    Kein Sarg.

    Noch Tränen am Grab.

        Nur die endlose Frage,

        warum er denn nicht mehr zurückkommt.

Doch es ist gut zu sterben.

Ich

    bin den Tod

    s c h u l d -

        ich

ABSCHIED

Mit einem irreparablen Schaden am Wagen
trennen sich unsere Wege. Andy will nordwärts

nach Seattle, vielleicht gar Vancouver. Carina
bleibt bei Freunden in Berkely. Mich zieht es nach Süden.

Wir sollten uns unbedingt wiedersehn, meinte das Mädchen.
In Kanada? Mexiko? Nein, in New York! In Europa!

Mit dem Gefühl von Endgültigkeit nahm ich Abschied
von den beiden an der Ecke Mission Street/1st Street,

warf meinen purpurnen Rucksack über die Schulter
und suchte den nächsten Bus nach Süden.

CALIFORNIA 1

Eine Frau mit langen, ergrauenden Locken
lässt mich in Monterey tatsächlich einsteigen
in ihren rostigen Schepprolet,
als ich am Highway 1 steh
und auf Mitfahrgelegenheit warte.

Bei dem Gepfopfere die halsbrecherische
Felsenküste entlang erklärt mir
die herbstliche Schönheit begeistert, wo
Jack Kerouac gewandert sei,
wo sich die einsame Hütte befindet,
in der er Befreiung gesucht hat von
Selbstmordgedanken und Alkoholismus ...

All das erzählt sie, während ich rechts
in die Abgründe blicke
und in jeder Serpentine
fürchte
dass ihre Bremse
versagt

STALKING WOMAN

Als die Landschaft flacher wird und die Fahrt sich entspannt,
dämmert es mir, ich kenn diese Frau von maßlosen,
       glücklicherweise verjährten Gelagen in D.

Dass ich dich finde, hättest du niemals für möglich gehalten, grinste sie.
Du bist ziemlich gealtert, sagte ich trocken.

Ich bin immer noch acht Jährchen älter als du. Kein einziges mehr.
Also weit über 30. Wer traut dir denn da noch?

Du hast mir niemals vertraut.
Ich war zweiundzwanzig, als du dich in mein Leben drängtest.

Ich wusste, du brauchst meinen Trost, und ich hoffe, sie hat dich endgültig
    verlassen. Jetzt bleibst du bei mir.
Du musst verrückt sein. Wie kannst du es wagen, mir nachzureisen? Das ist
    übelstes Stalking. War es Carina, die dich informiert hat? Oder unser
    Freund Andy?

Meine Sehnsucht nach dir war es. Sie ließ mich nicht ruhen. Es war Liebe,
    mein flüchtiger Geliebter.
Du jagst einem Bild hinterher, das du selbst dir gemacht hast. Du musst es
    zerstören, damit du Gott findest. Er ist die Liebe, die all deine Sehnsucht
    erfüllt.

Ich habe vorhin gewünscht, in den Abgrund zu stürzen mit dir. Ich sah uns
    dort unten für immer vereint.
In die Hölle kannst du allein. Du dienst einem finsteren Engel und solltest
    dich endlich bekehren.

Hör auf, arrogant zu belehren. Denk an die Dichter, die Musiker, die uns
    damals befreiten.
Die waren doch selber nicht frei. Und du bist es auch nicht. Deine Welt
    interessiert mich nicht mehr, deine Beatniks und Hippies und wie sich
    die heutigen Zeugen für Babylon nennen. Ich habe mein Leben geändert.

Sie blickte mich an.
    Acht auf den Weg, schrie ich – sie kreischte, schlug
                in die Bremse, wir stoppten: gerade noch vor
              einem hockergroßen Felsbrocken
      während links Ocker
an uns vorbeischoss.

Ich ergriff die Gelegenheit, riss die Tür auf,
              rief ihr ein Thanks for the ride zu und
    sprang aus der stinkenden Kiste.

In der Nähe der Küste fand ich ein kleines Hotel
        mit dem leuchtenden Hinweis *VACANCY*.
    Auf einem Schild stand Gaviota.
Die Sonne war eben erloschen.

BIG SUR

Das nächtliche Brechen der Wellen bringt Schweigen und Klarheit
in meine Gedanken. Allein sein. Hier am Meer.
Oder auch in den Bergen des großen Südens.

Pray for me, holy hermit.

Kann ich zum Lebensstil machen, was Kerouac allenfalls kurze Zeit schaffte?
Bis er wieder in sinnlosen Rausch sank. Alkohol, Frauen, Peyotl …

Pray for me, Thomas Merton.

Carina wird ihren Weg gehen. Und Andy den seinen. Soll er doch selber bei
Jennifer einsteigen. Was schickt er denn mir eine haltlose alte
weiße Frau auf den Hals?

Pray for me and everybody.

Ich will allein sein. In einer Hütte vielleicht. Oder wie mein Freund Ronny.
Als bettelnder Sänger auf den Straßen der Welt.

Pray for me, holy American hermit.

Am Morgen nehm ich ein Bad im Pazifik. Dann reise ich weiter.
Los Angeles will ich noch sehn. Und wenn ich zurückkehre,
suche ich mir eine *hermitage* in Big Sur.

MORGENMEER

In der Ferne versinkt mir das Land
noch tiefer in Nebel und Weiß.

Ich schwimme zurück Richtung Strand,
doch der Sandgrund entgleitet mir leis.

Als mich steigende Wellen umgeben,
entfährt mir im Schrecken ein Schrei –

Drei Möwen fliegen vorbei ...
Ich verstumme und wehre mich nicht.

Da leuchtet ein anderes Leben,
aus dem die Sonne bricht.

DAS NEUE LEBEN

EPILOG

Sehnsucht, Sehnsucht

      weiße Flügel

           die uns tragen

(aus der ich-erstarrten, todverfallenen)

                 in die reine, freie

                      grenzenlose

                         Liebe

Editorische Notiz

Wenn der Autor im Vorwort von einer Neuauflage seines im Jahre 1984 erschienenen Titels *Die Sehnsucht der Sehnsucht der Liebe.* *49 Gedichte aus den 70er Jahren* spricht, bedarf dies aus Sicht des Herausgebers einer Präzisierung, denn der 2020 veröffentlichte Gedichtband gleichen Titels ist mehr als die Neuauflage eines alten, ja man könnte, ohne auf inhaltliche Aspekte einzugehen und sich damit auf Interpretationen einzulassen (was nicht die Aufgabe eines Editionsberichts wäre), allein auf Grund der Textgestalt mit einer gewissen Berechtigung von einem neuen Buch sprechen.

Beibehalten hat der Autor, abgesehen vom Titel, die aus fünf Abschnitten bestehende, parabelförmige Gesamtstruktur des ursprünglichen Zyklus. Außerdem entspricht auch die Anzahl der Gedichte mit 49 der aus dem Jahr 1984. Vergleicht man hingegen die Texte, so stellt man fest, dass nur etwa 20 davon (nahezu) identisch sind. (Minimale Veränderungen, wie zum Beispiel die Hinzufügung eines Titels zu einem vorher titellosen Gedicht, wurden bei dieser Zählung ignoriert.) Bei etwa zehn weiteren lassen sich so große Übereinstimmungen feststellen, dass man die neue Version sofort als Variante der alten erkennen kann. Bei sieben Gedichten hingegen sind die Unterschiede so beträchtlich, dass die Abweichungen die Übereinstimmungen überwiegen. Es bleiben, nimmt man die Neuausgabe als Ausgangspunkt, elf Gedichte übrig, bei denen kaum eine Ähnlichkeit mit den älteren, an deren Stelle sie treten, erkennbar ist. Es handelt sich um die Titel *UNSERE GÖTTER, EMPIRE STATE PLAZA, ERSCHEINUNG, MOVING PROTEST, GREEN SUBMARINE, AMAZING GRACE, ABSCHIED, CALIFORNIA* 1, *STALKING WOMAN, BIG SUR* und *EPILOG.* Bezieht man die Länge aller Gedichte in die Berechnung des Textumfangs des Zyklus mit ein, so ergibt sich, dass gut ein Drittel der Verse der Neufassung nicht in der Erstausgabe enthalten sind; umgekehrt ist die Anzahl etwas geringer, da die eliminierten Gedichte meist kürzer sind als die neu eingefügten.

Dem aufmerksamen Leser wird nicht entgangen sein, dass die oben vorgenommene Addition nur 48 Gedichte ergibt. Tatsächlich wurden für die elf neuen Texte nicht nur elf, sondern zwölf aus der älteren Sammlung eliminiert. Dass die „Neuauflage" dennoch auf 49 Gedichte kommt, hängt damit zusammen, dass der Autor die unbedruckte Seite vor dem letzten lyrischen Text in der Erstauflage nun in der Neuausgabe mit einer Seitenzahl versehen hat, sodass sie in dem Zusammenhang, den der Zyklus kreiert, vor allem aber auch durch den zusätzlich eingefügten Titel ein eigenes Gedicht darstellt, ein wortloses Gedicht, ein Gedicht multivalenten Schweigens, im Gegensatz zu den konventionellen Leerseiten nach dem Buchtitel und den Kapitelüberschriften etc., beziehungsweise auch vor diesen, wenn die Seite direkt davor keinen Text enthält.

Ein letzter Punkt, der die These stützt, dass es sich eher um eine Neufassung als um eine bloße Neuauflage eines alten Zyklus handelt, sind die Veränderungen in der Reihenfolge der Texte. Neben geringfügigen Verschiebungen innerhalb der einzelnen Kapitel findet man in der Neuausgabe auch größere Umstellungen der ursprünglichen Anordnung: Nicht wenige Gedichte wurden in einen anderen der fünf Themenbereiche integriert, wodurch sie in einem neuen Bedeutungsfeld erscheinen, was möglicherweise ihre Aussage modifiziert und darüberhinaus einen Einfluss auf den epischen Zusammenhang haben mag, der in dem Zyklus entsteht, also die Entwicklung des lyrischen Ichs und seiner Beziehungen.

Hg.

Nachweise und Übersetzungen

Widmung

For all who inspired me in my younger days/Für alle, die mich inspirierten, als ich jung war

Vorwort zur Neuauflage

(1) Ed Mellers: *Lyrik und Liebe. Die Geschichte einer Bekehrung.* Aachen 2009.

(2) Theodor W. Adorno: „Résumé über Kulturindustrie" in: *Ohne Leitbild.* Frankfurt am Main, S. 60 ff.

(3) Marshall McLuhan: *Understanding Media.* New York 1964, S. 232.

(4) Simon Reynolds: „Nothing Says Old Like the Hits of the Present" in: *The New York Times,* nachgedruckt in der Beilage der *Süddeutschen Zeitung* vom 2.5.2011.

Seite 15

Postmodernism has tended towards artistic Anarchy or towards Pop./Die Postmoderne tendiert zu künstlerischer Anarchie oder zum Pop.

Ihab Hassan: *Paracriticisms: Seven Speculations of the Times.* Urbana/IL 1975, S. 59.

Pop Art is always religious./Popkunst ist immer religiös.

Leslie Fiedler: „Cross the Bridge – Close that Gap: Post-Modernism" in: Cunliffe Marcus (Hrsg.): *American Literature Since* 1900. London 1975, S. 344 – 366, S. 366.

Seite 19

Love me tender, love me sweet
Never let me go
You have made my life complete
And I love you so.

Ken Darby/Elvis Presley 1956

Lieb mich süß und lieb mich sacht
Lass mich nie allein
Du hast mich komplett gemacht
Will nur bei dir sein.

Seite 41

Pleased to meet you, hope you guess my name./Freut mich, dich zu treffen, ich hoff, du errätst meinen Namen.

Jagger/Richards: „Sympathy for the Devil" auf der LP *Beggars Banquet* 1968

Seite 51

FEEL I'M GOIN' BACK TO MASSACHUSETTS/WÜRDE GERN NACH MASSACHUSETTS ZURÜCKKEHREN

The Bee Gees: „Massachusetts" 1967

NOSTALGIE 79

Stehe am Kennedy Airport,
sehe die Flugzeuge landen –
vergebens.
Sie kommt ja doch nie
aus Frankfurt, London, Parie.

Stehe am Kennedy Airport,
sehe die Flugzeuge starten –
vergebens.
Es gibt ja doch keins
nach neunzehnsiebzigundeins.

Seite 53

southbound/in Richtung Süden

Seite 54

Your tropical paradise/Ihr tropisches Paradies

Seite 55

„You gotta see something in Memphis"/„In Memphis muss man ja irgendwas sehn"

AN ERNESTO CARDENAL

Worte unendlicher Sehnsucht
die mich hinaufziehn zur
Liebe der Liebe der Liebe

Das erotische Leben der Mönche
(gekreuzigt und wiederauferstanden)
reine Leidenschaft für den Erfinder aller zarten Liebkosungen

Ja, ja, ja, rief ich aus
und hüllte meine Seele in deine weiße trappistische Kutte

Nur um danach
die Dunkelheit noch zu vergrößern

Ich vergaß:
Nicht jeder kann es begreifen.

*

Die kursiv gedruckten Verse hier und auf Seite 56 sind Übersetzungen ins Deutsche bzw. ins Englische der Zusammenfassung der folgenden Aussage Ernesto Cardenals in seinem Werk *Vida en el amor* (zitiert nach der spanischen Ausgabe, Madrid 1997, S.98f.): „El erotismo del monje ha sido crucificado y resucitado. ... El monje es una pasión pura, y es pura pasión ... ¿No es Dios el inventor ... de todas las caricias ...?"

THE WAY/DER WEG

„Could you please tell me the way to …?"/„Könnten Sie mir bitte sagen, wie ich nach … komme?"

„There's a bus from Louisville/Kentucky …"/„Es gibt einen Bus von Louisville/Kentucky …"

Seite 60

DETACHMENT/LOSLÖSUNG

Zero degrees Fahrenheit/Null Grad Fahrenheit

LOVE IS THE ANSWER/LIEBE IST DIE ANTWORT

John Lennon: „Mind Games" auf der LP *Mind Games* 1973

Seite 65

MOVING PROTEST/(SICH)BEWEGENDER PROTEST

BETTER ACTIVE TODAY THAN RADIOACTIVE TOMORROW/LIEBER HEUTE AKTIV ALS MORGEN RADIOAKTIV

FREE NICARAGUA! – SUPPORT THE REVOLUTIONARY FORCES!/FREIES NICARAGUA! (BEFREIT NICARAGUA!) – UNTERSTÜTZT DIE REVOLUTIONÄREN KRÄFTE!

NO NUKES IS GOOD NEWKS/KEINE KERNWAFFEN IST EINE GUTE NACHRIKKT

DON'T KILL US! – WE ARE *BUSY BEING BORN*/TÖTET UNS NICHT! WIR SIND DAMIT BESCHÄFTIGT, GEBOREN ZU WERDEN

busy being born/beschäftigt, geboren zu werden

Bob Dylan: „It's Allright, Ma" auf der LP *Subterranean Homesick Blues* 1965

Seite 66

GREEN SUBMARINE/GRÜNES UNTERSEEBOOT

We all live in a green submarine/Wir alle leben in einem grünen U-Boot
Abwandlung des Refrains des Songs „Yellow Submarine"

The Beatles: „Yellow Submarine" auf der LP *Revolver* 1966

Seite 67

AMAZING GRACE/ERSTAUNLICHE GNADE

downtown Chicago/das Geschäftszentrum von Chicago

„Highest crime rate"/„Die höchste Kriminalitätsrate"

Seite 69

COKE ADDS LIFE ... TAKE ICE AND A SLICE OF LEMON
(AMERICA'S ULTIMATE TASTE)/
COKE MACHT LEBENDIGER ... NIMM EIS UND EINE SCHEIBE ZITRONE
(AMERIKAS ÄUSSERSTER GESCHMACK)

Seite 72

Evening moods in romantic San Francisco/Abendstimmungen im romantischen San Francisco

Seite 78

STALKING WOMAN/STALKERIN

Thanks for the ride/Danke fürs Mitnehmen

VACANCY/ZIMMER FREI

Seite 79

Pray for me, holy hermit./Bitte für mich, heiliger Einsiedler.
Pray for me and everybody./Bitte für mich und für jede(n).

hermitage/Eremitage, Einsiedelei

Inhaltsverzeichnis

0

(schuld und erbarmen …)

1

(aufbruch, erinnerung …)

3

(unterwegs ...)

Überschriften und Gedichtanfänge

Daten zu Autor und Werk

1954	geboren in Bamberg
1973 – 1978	Studium in Würzburg
1978 – 1979	Studium in Albany/New York
1980	Staatsexamen
1981	Reise durch die iberische Halbinsel; Entstehung der meisten der später unter dem Titel *Mönche, Hippies und Poeten* veröffentlichten Gedichte
1983	Beginn der Lehrtätigkeit an verschiedenen Schulen Bayerns
1984, Juli	*Die Sehnsucht der Sehnsucht der Liebe. 49 Gedichte aus den 70er Jahren*
Sept.	Umzug nach München
1986	Reise von Kuba über Nicaragua und Mexiko in die USA
1993	*Zerrissenes Leben* (Prosacollage)
1994	Balkanreise während des Jugoslawienkriegs
1998	Exerzitien im Trappistenkloster „Our Lady of Gethsemani" in Kentucky
2001	*Offenbarung in der Revolution* (Versroman, 1. Teil)
2002	*Die Wolkenkratzer von Tenochtitlán* (Versroman, 2. Teil)
2003	*Stürzendes Blau* (Versroman, 3. Teil) Ausgedehnte Reise durch Indien
2004	Reise von Süd-, über Mittel- und Nord-Amerika nach Asien
2006	*Auf-/Brüche* (Gedichte und Prosa)
2009	*Lyrik und Liebe. Die Geschichte der Bekehrung Ed Mellers* (Erzählung)
2010	*Mönche, Hippies und Poeten* (33 Gedichte)
2011	*Tod und Liebe* (54 Gedichte in vier Zyklen)
2014	*Augenblicke im Leben* (Verstreute Gedichte aus fünf Jahrzehnten)
2018	*Indische Polyphonie* (63 Cantos)